TOKYO
文具・雑貨散歩

旅鞄(トランク)いっぱいの東京

堤 信子

辰巳出版

TOKYO 文具・雑貨散歩
旅鞄いっぱいの東京

2　目次

4　はじめに

6　テーマのあるお店
8　DELFONICS 丸の内
10　東京ご当地ロルバーン図鑑
12　TRAVELER'S FACTORY 中目黒
16　SIDEWALK STAND BAISEN&BAGEL
18　ANGERS bureau KITTE 丸の内店
20　GOAT
22　POSTALCO
24　ASSEMBLAGE 代官山店
26　月光荘画材店
28　月光荘サロン 月のはなれ
30　WRITE&DRAW.
32　神田金ペン堂
34　文房具カフェ
36　36
38　Paper message
40　Giovanni
42　竹尾　見本帖本店
44　美篶堂ショップ
46　製本ワークショップを体験しました
48　HAGURUMA STORE 東京表参道
50　BLUE BRICK LOUNGE
52　対談「東京は、世界で一番いいものが
　　見つかる街」

54　ヴィンテージ文具に出合えるお店
56　Y's ARTS
58　Biscuit
60　さんのはち
62　Pen Boutique 書斎館 Aoyama
64　Pen Boutique 書斎館 Aoyama カフェ
66　銀座で出合うレアもの万年筆
　　Euro Box
67　Pen Cluster
68　蚤の市に行ってみよう！
　　大江戸骨董市
70　東京蚤の市
72　代官山 蚤の市

74　東京の文具・雑貨大型店
76　銀座 伊東屋　本店
80　無印良品 銀座
84　ATELIER MUJI GINZA Salon
86　世界堂新宿本店
90　東急ハンズ新宿店
94　珈琲西武
96　シモジマ浅草橋本店
100　AWESOME STORE 原宿・表参道店
104　銀座ロフト

108　和紙と和文具
110　榛原
114　東京鳩居堂 銀座本店

116　紙のたかむら
118　タカセ 池袋本店
120　和紙 山形屋紙店
122　菊寿堂いせ辰 谷中本店

124　**書店と文具**
126　代官山 蔦屋書店
128　丸善 日本橋店
130　教文館エインカレム
132　古書街・神保町めぐり
134　ブックカバー図鑑

136　**思いがけず文具に出合う**
138　21_21 DESIGN SIGHT
139　国立西洋美術館
140　東京国立博物館
141　東京都庭園美術館
142　東京都写真美術館
143　日本文具資料館
144　on SUNDAYS
146　御朱印帳コレクション
147　大学ノートコレクション
148　東京中央郵便局コレクション
149　ゆうびん風景印ギャラリー
150　コラム「東京の紙 今昔物語」
152　堤信子私蔵文具コレクション
153　堤信子プロデュース文具

154　店舗マップ

158　おわりに

160　奥付

・掲載の店舗、および商品の情報は 2019 年 7 月時点のものとなります。
・価格は税抜表示です。

はじめに

文具と雑貨の旅本である「旅鞄(トランク)いっぱい」シリーズ、これまでは、大好きな街、パリ、ミラノ、京都、奈良などを旅してきましたが、今回は、私が暮らす街でもある東京です。オリンピックやW杯の開催も控え、より世界から注目を集める日本の首都・東京、世界中の観光客で賑わう東京を、文具・雑貨テーマで巡る旅本です。

東京は「文具・雑貨大国」。日本の文具は海外でも評価が高く、今や日本のお土産の定番でもあります。またこだわりの文具店は、海外の雑誌でも紹介されるほど。

そこで今回は、「モノ」の向こうに見えてくる文化や歴史にも思いを馳せながら、東京という街をあらためて知るきっかけになれば、とまとめました。

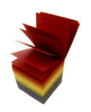

江戸文化を感じさせる老舗が息づく東京、世界の大都市の中でも特に、文具・雑貨を扱う大型店がひしめく東京、世界各国の希少なビンテージ文具・雑貨が集まる蚤の市も盛んな東京、ニッチなアイテムに特化した個性あふれる店舗が点在する東京、美術館や博物館でも洗練されたオリジナルアイテムに出合える東京、などに加えて、個人的にも大好きな"手紙を書きたくなる"喫茶店もご紹介。

その中に、「有名店だけど、こんなアイテムがあったとは知らなかった！」というレア情報や、私独自の文具や紙の使い方もできるだけ盛り込んだつもりです。

そして今回も、これまでと同様、鞄に入れて持ち歩いていただけるよう、正方形に近いオリジナルサイズにしました。

あなたの東京散歩のお供に加えていただけたら、嬉しいです。

テーマの
ある
お店

東京には、個性が光る魅力的な文具店が実にたくさんあります。東京を巡るだけで世界中のおしゃれな文具と雑貨に出合えます。

知性と感性を刺激する大人のための文具店

今でこそ、素敵なデザイン文具が容易に入手できる時代になりましたが、「デルフォニックス」が設立された80年代はまだとても珍しく、日本製なのに、欧州文具の様な洗練されたデザインに私は夢中になったものでした。丸の内店は、場所柄もあってさらに大人度が増したラインナップ。文具に加え、時計や革小物、一点もののオブジェ、そしてCDなど、文具に親和性の高い書斎周りのアイテムが並びます。センスを磨いてくれる大好きなお店です。

（上）代表・佐藤達郎氏自ら欧州で買い付けたヴィンテージのガラスオブジェ。（中）国産レザーを使用し東京の革職人とコラボしたオリジナルのレザーダイアリーカバー。（下）音楽好きの佐藤代表とスタッフがセレクトする音楽コーナー。オリジナルのCDも。（左）珍しいオリベッティのノートパッドフォルダ

デルフォニックス 丸の内
DELFONICS 丸の内

東京都千代田区丸の内1-5-1 新丸の内ビルディング1階　TEL 03-3287-5135　www.delfonics.com

東京ご当地ロルバーン図鑑

デルフォニックスを代表するオリジナルノート、「ロルバーンポケット付メモ」。私はその、輸入文具のような端正なたたずまいが大好きです。アーティストとのコラボ柄やご当地柄など、種類も豊富。その一部をご紹介します。

1：Smith 東京ミッドタウン
　　日比谷限定
2、3、8、9：Smith 成田
　　国際空港第1ターミナル限定
　　（2イラスト ©Ryo Takemasa）
4：Smith ルミネ新宿1、
　　ルミネエスト新宿限定
5：Smith アトレ恵比寿限定
6：Smith 東京スカイツリータウン・
　　ソラマチ限定
7：Smith パルコヤ上野限定
10：Smith エキュート品川限定
11：Smith 池袋パルコ限定

※「Smith」はデルフォニックスの直営店
※ 商品によっては現在取り扱いのないものも

旅好き、文具好きの私が心待ちにしていたお店

今や全世界にファンが広がる「トラベラーズノート」を手がける会社が運営する、旅をテーマにした文具＆雑貨のショップがここ「TRAVELER'S FACTORY」です。もとは紙箱工場だったという古い木造建築を改造して作られた店舗。ヴィンテージ感のある店内は、無骨ながらも温かみと味があって、ブランドのコンセプトを体現するかのよう。旅好きな私は、什器も含め置かれているものすべてにときめきを感じてしまうのです。

店内では切手も販売。
店内のポストに投函可

堤流DIYで大変身した定番ノートは次ページで

トラベラーズ ファクトリー 中目黒
TRAVELER'S FACTORY 中目黒

東京都目黒区上目黒 3-13-10　TEL 03-6412-7830　www.travelers-factory.com

空港と駅で入手できる限定アイテム

成田空港と東京駅にもショップを構えるTRAVELER'S FACTORY。空の旅、鉄道の旅を連想させてくれるここでしか買えない限定アイテムは要チェックです。

駅舎や列車がデザインされているのは東京駅限定アイテム。右上のトラベラーズノートは、革カバーに金箔で絵柄が箔押しされています。富士山や飛行機の絵柄が入っているものは成田空港限定。海外へのお土産にも喜ばれそう

2階はフリースペース

ショップの2階は買ったものを自由にカスタマイズできるDIYスペース。トラベラーズノートのパッケージとショップ発行のフリーマガジン『TRAVELER'S TIMES』、備え付けのスタンプを使って、オリジナルのミニカルトンを作ってみました。

商品の紙ケースまでDIYするのが提流

手紙を書きたくなるカフェ

16

自家焙煎コーヒーと焼きたてベーグル

目黒川から1ブロックほど代官山方面に入った静かなエリアにあるベーカリーカフェ。蔦のからまる民家を改造してつくられたお店は、おしゃれでありつつフレンドリーで落ち着ける雰囲気。入ってすぐ左手には巨大なロースターがあり、自家焙煎のコーヒーと毎日お店で焼くベーグルが楽しめます。テーブル席のある2階スペースは窓から降り注ぐ陽光が心地いい空間。香り高いコーヒーを飲みながら、書き物をするのにぴったりです。

（上）2種類の餡とクリームチーズを挟んだ「あんサンド」450円とアイスアメリカーノ430円（左下）毎日お店で焼くベーグルは8種類（右下）居心地のいい2階席

サイドウォーク スタンド 焙煎＆ベーグル
SIDEWALK STAND BAISEN&BAGEL

東京都目黒区青葉台1-15-9　TEL 03-6277-5714　sidewalk.jp

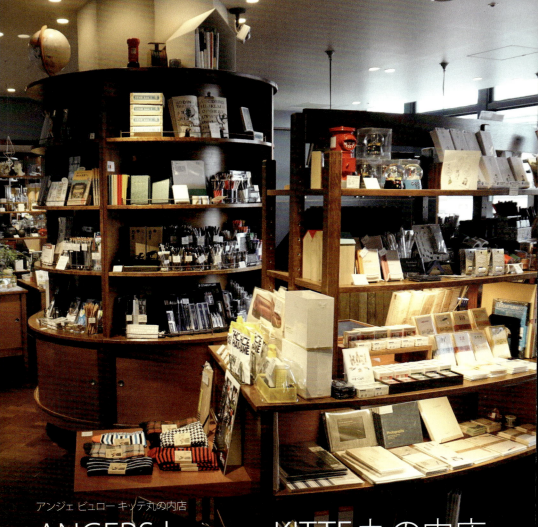

アンジェ ビュロー キッテ丸の内店

ANGERS bureau KITTE 丸の内店

東京都千代田区丸の内 2-7-2 JPタワー KITTE 丸の内 4 階　TEL 03-3217-2006　www.angers.jp

文具好きを唸らせる、マニアックな品揃え

京都・河原町に本店がある「ANGERS」の姉妹店。「書斎」をテーマにしたこのお店の品揃えはなかなかマニアック。文具好きならついニヤリとしてしまう、こだわりのアイテムが並んでいます。素敵なのは、高価な万年筆や革小物と同列で、1個27円のクリップや120円の定規といった安価な良文具にも光を当てているところ。モノに対する感度も高く、店頭の商品はどんどん入れ替わります。何度訪れても新しい発見があるのも魅力です。

セルロイド調で美しい大西製作所のペンシルホルダー

ヤー・チン・スタイルのコンバーター式ガラスペン。独特のなめらかな書き味が気軽に楽しめます

マニア心をくすぐるクリップ各種は27円〜

フィルカオのマイクロミニ万年筆。チェーンを通しペンダントにするのが堤流

ぽち袋のテンプレート発見。即購入しちゃいました

GOAT
東京都文京区千駄木 2-39-5-102　TEL 非公開　goat-shop.com

東京旅には欠かせない！MADE IN TOKYO 文具が集結

古き良き東京の街並みが残る千駄木にお店を構える「GOAT」は、東京文具にこだわったお店です。店主の串田美恵子さんは、デザイナーとして文具や雑貨のデザインを手がけるかたわら、このお店を運営。仕事を通して文具の魅力にどんどんはまっていったそうです。「実はみんなが知っている文具の多くがメイド・イン・東京なんですよ」と串田さん。あのツバメノートやライフ、カール事務器やB.N.Kなどのロングセラーの名品も東京発。作り手の想いとこだわりをすくい上げ、使い手に届けたい、そんな愛が詰まったお店です。

文京区にある宮田印刷が手がける活版印刷で刷り上げたブックカバー

串田さんがデザインを手がけたライフのノート

図書館用品まで。「禁帯出」などのシールと貸出カード

マーブル模様が美しいオートの「アメリカンテイスト」

B.N.Kの職人の手による「ハコデキットおどうぐばこ」

カールの鉛筆削り

菅公工業のストックバッグ

ポスタルコ
POSTALCO
東京都中央区京橋2-2-1 京橋エドグラン1階　TEL 03-6262-6338　postalco.net

使い心地を追求したユニークで美しい道具たち

「POSTALCO」との出会いは数年前。ステーショナリーディレクターの土橋正さんに教えていただいたのがきっかけでした。日米2人のデザイナーのユニークな発想から生まれる紙製品や筆記用具、革小物などのオリジナル商品は、いずれも"道具"としての機能性や使い心地にとことんこだわったものばかり。移転して現在は京橋にあるお店は、よりモダンな佇まいになっています。アート作品やオブジェに囲まれて、ブランドのコンセプトに浸りながらお買い物ができるのも魅力です。

(右)和紙に染料で板染めを施したリングノート。(下)鉛筆なら36本がコンパクトに収まる「ツールボックス」

革小物が入る紙箱にも惹かれてしまいます

4種類から選べる包装紙。どれも素敵で迷いそう

(左上)紙の再利用から発想した「スナップパッド」。パンチ穴をあけて束ねればオリジナルメモ帳に。A4、A5、A6の3サイズ。(左下)1mm罫が入った専用レフィルも。(右上2点)私は好きな包装紙を束ねるのに使ったりしています。コピー用紙なら100枚はさめます

23

独自のセレクトセンスが光る輸入雑貨店

1994年にオープンした代官山のセレクトショップ。母体は、老舗の貿易会社「南海通商」で、輸入雑貨が昔「舶来品」と言われていた時代から、センスのいいアイテムを日本にいち早く紹介していた会社です。見逃せないのが文具の品揃え。ここで初めて知る海外ブランドも多く、その独自のセレクトは秀逸。おすすめはドイツのレダーというブランド、ギフト用にリピート間違いなしです。

立体の飾りが素敵なレダーのカード

楽しい形のクリップは各15個入り

ミニミニ・カード、何を書こうかしら?

パリから届いたパピエティグルの文具たち

大事なメモはミニ・ウェイトに挟んで

イタリア発の4色ボールペン

25

月光荘画材店

東京都中央区銀座8-7-2 永寿ビル1・B1階　TEL 03-3572-5605　gekkoso.jp

創業者の哲学が今も息づく画材店

高級な飲食店がひしめく銀座8丁目に、大正時代から店を構え、アーティストや文化人たちに愛されてきた「月光荘画材店」。お店のロゴになっている味のある筆跡は歌人・与謝野晶子によるものだそうです。商品はすべてがオリジナルで、"友を呼ぶホルン"がトレードマーク。サイズ、紙の厚み、テクスチャーが選べるカラフルなスケッチブックや鉛筆、カード、バッグまで。文具好き、雑貨好きも集まるお店です。

A4からB3まであるカルトンは560円～

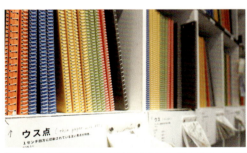

（上）用紙別のスケッチブック。（下）創業当時から自社商品を製造し続けています

自社製品8B鉛筆。柔らかいのにもろくなく粉も出にくい

絵画保護マットボードの残りを再利用したポストカード

手紙を書きたくなるカフェ

28

銀座のビルの屋上に出現した空中庭園

銀座の老舗「月光荘画材店」が倉庫として利用していたスペースをリノベーションしてつくられたのがここ「月のはなれ」。エレベーターはなく、階段をひたすら上がると、風が吹き抜ける小さな空中庭園が現れます。月光荘のミニスケッチブックに水彩絵の具やクレパスを使ってその場で絵が描ける「お絵描きセット」を購入して、絵に没頭するのも楽しい時間。夜は生演奏が聞けてクレオール料理も楽しめるバーに。アートと音楽に囲まれて、時の経つのを忘れてしまう素敵な隠れ家のひとつです。

名物・三日月形のレモンケーキはジャムも手作り。テラスでいただく贅沢

月光荘画材店の画材でお絵描きができるセット（500円）も販売されています

（上）月光荘画材店のポストカード。(左)店内には手紙を投函できるポストが（カード代・切手代別）

月光荘サロン 月のはなれ

東京都中央区銀座8-7-18 月光荘ビル5階　TEL 03-6228-5189　www.tsuki-hanare.com

ライト アンド ドロー
WRITE&DRAW.
東京都渋谷区代々木3-29-5　TEL 03-6276-1966　write-draw.jp

「書く＆描く」ための逸品に出会える空間

実は、実際にお会いするまで、私は勝手に店主の方は男性だと思っていたのです。というのも、このお店の品揃えがどことなく男性的だったから。入口を入って右手の黒い棚には「書く＝WRITE」ための道具、そして左手の白い棚には「描く＝DRAW」ための画材が。中央にはセレクトされた雑貨が置かれ、壁に飾られているのは、店主和久井彩香さんのお父様の絵。もちろんこれも購入可能です。ボールペンからアートまでが違和感なく共存する素敵な空間でした。

チェコのメーカーによる巨大消しゴム。ペーパーウェイトとしても使えそう

（上）アメリカのリサイクルショップで売られている学習ノート。（上中）イギリス、シルバイン製のエアメール用便箋＆封筒。（上右）ガラスや木にも描けるリラの色鉛筆。デッドストック品

（左ページ）画材が並ぶDRAW棚は入って左側に。（右）お店に入って右手にある、文具中心のWRITE棚

神田金ペン堂

東京都千代田区神田神保町1-4　TEL 03-3293-8186　www.kinpendo.co.jp

万年筆ビギナーにもやさしい専門店

創業100年を迎えた老舗万年筆専門店、というと、敷居が高いイメージを抱く方もいらっしゃるかもしれませんが、「神田金ペン堂」は初心者にやさしいお店。コンパクトな店内にはペリカン、パーカー、ウォーターマンなどの各モデルに加え、見逃せないレアものも。購入したらペン先を調整してくれるのも専門店ならでは。お店の方に相談すれば、握り方や筆圧などを見ておすすめの1本を選んでくれます。

パーカーのデュオフォールド。柔らかなホワイトアイボリンと通称「ビッグレッド」の明るめなオレンジ

ペリカンノベルティのペン差しも

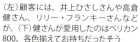

（左）顧客には、井上ひさしさんや高倉健さん、リリー・フランキーさんなどが。（下）健さんが愛用したのはペリカン800。各色揃えてお持ちだったそう

入手困難なデルタの万年筆

手紙を書きたくなるカフェ

文具使い放題の楽しいカフェ

表参道から少し奥に入ったおしゃれなエリアにある「文房具カフェ」。「壁一面のマスキングテープ、好きなだけお使いくださいー！」とお店の方に言われて最初びっくり。店内のペンやマーカーなどすべて自由に使えます。デザイナーやイラストレーター御用達の「コピック」マーカーは全360色完備。メニューも「お絵描きオムパスタ」や「色鉛筆レモンスカッシュ」など、このお店ならでは。とにかく長居は間違いなし、時間に余裕を持ってお出かけくださいね。

文房具カフェ

東京都渋谷区神宮前4-8-1 内田ビルB1階　TEL 03-3470-6420　www.bun-cafe.com

小・中学校時代の思い出が蘇る、レトロ文具たち

「あ、これ懐かし〜い」。思わずそんな声が出てしまうのがここ「36（サブロ）」の品揃え。店主・村上幸さんのご実家が文房具店、と言われれば納得です（店名の由来はお祖父様のお名前だそう）。懐かし文具のミニチュア版やハンコ、ノートやメモパッドなどのオリジナル製品も。小・中学生時代、大切に使っていた文具たちとの思い出が蘇る、タイムマシンのようなお店。

（左）クスリとつい笑ってしまう「旅のしおりノート」。（右）五十音、いろは、アルファベットなどの全文字種がセットになったハンコ。（下）お菓子や文具をモチーフにしたポストカード

懐かし文具 DYMO（ダイモ）を発見。固いテープに文字が凸に白く打刻されるラベル作成機

オリジナルメモパッドや一筆箋、そしてちびヤマト糊や黒板消しストラップなどのミニチュア文具も人気

サブロ
36

東京都武蔵野市吉祥寺本町 2-4-16 原ビル 2階　TEL 0422-21-8118　www.sublo.net

印刷屋さんが母体の、オリジナル紙雑貨のお店

高知県の印刷会社が運営するお店。専属イラストレーター兼デザイナーの大久保淳子さんが生み出すアイテムはオリジナリティに溢れています。型抜き、活版、箔押しなど、印刷技術を駆使して贅沢なものづくりができるのは、母体が印刷屋さんだからこそ。紙と印刷の魅力満載で、ここに来るたびに「紙好きでよかった」としみじみ感じるのです。

イラストの輪郭に合わせて型抜きした「カッティングカード」。パーツをセレクトし、リースのカード（右）に貼り付けて楽しんで

（左）人気の花瓶＆花カード。好きな種類を組み合わせて。（右）花にハチドリなどを組み合わせてもキュート

ペーパー メッセージ
Paper message
東京都武蔵野市吉祥寺本町4-1-3　TEL 0422-27-1854　www.papermessage.jp

中世ヨーロッパの雰囲気漂う神秘の世界

店内には中世ヨーロッパから使われ続けている伝統的な文具や紙ものがぎっしり。どれも店主の高梨浩一さんが自ら買い付けに出かけ、直輸入した品々ばかり。特にシーリングスタンプの品揃えが豊富で、アジア圏ではおそらくここが随一だそう。たくさんの物語が詰まった文具たちに出会える唯一無二のお店です。

（上）ガチョウや孔雀の羽ペン。（下）繊細な彫りのラバースタンプ。我が家にもたくさんコレクションがあります

シーリングワックス（左上）とシーリングスタンプ（左）の品揃えが豊富。（上）ギフトにぴったりのセットは 2,580 円〜

欧州の紙の発祥地・アマルフィの手漉きの紙のレターセット

イタリアの日時計やカーニバルのマスクなど、文具以外の小物もこのお店ならでは

ジョヴァンニ
Giovanni

東京都武蔵野市吉祥寺本町 4-13-2　TEL 0422-20-0171　www.giovanni.jp

純白の空間に広がるペーパーワンダーランド

SFを思わせる純白の空間に整然と並ぶ膨大な数の紙見本。その数は300銘柄、2,700種にものぼります。装幀家やグラフィックデザイナーが紙の現物見本に触れるために来るお店として有名ですが、これだけの種類の紙がA4サイズ1枚から購入できるとあって、私のような紙好きにとっても至福の場所。紙種や色数が豊富なオリジナル封筒も1枚から販売。例えばトーンの違う赤を1枚ずつ選ぶなどの色遊びも、このお店ならではの楽しみです。

1枚1枚違う色、質感の紙を綴じてつくられた「SIKI」ノート。色のグラデーションが引き立つよう、小口がななめにカットされています

クラシコトレーシング-FSの「星くずし」やアートドリープの「リズム」「はっぱ」など、素敵なネーミングのトレーシングペーパー

プロ御用達、銘柄別のミニサンプルも店内に設置

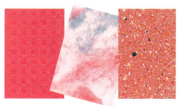

赤系の紙にもこんなにバリエーションが

竹尾　見本帖本店

東京都千代田区神田錦町3-18-3　TEL03-3292-3631　takeo.co.jp/finder/mihoncho/

美篶堂ショップ

東京都千代田区神田錦町3-18-3 錦三ビル2階 見本帖本店内　TEL 03-5282-3265　www.misuzudo-b.com

手仕事の粋を集めた製本の世界がここに

製本所として数々の美しい手製本を生み出してきた「美篶堂（みすずどう）」が運営するショップ。熟練職人の製本技術が駆使された珠玉のノートや雑貨に出合えるほか、初心者も気軽に楽しめる製本ワークショップやより本格的に製本を学ぶ「本の学校」なども定期的に開催しています。効率重視の世の中にあって、手間ひまかけてものづくりを続けていくことの意義を、意志を持って発信している貴重な拠点です。

手ぬぐいと厚紙を使って古い文庫本を自分だけの装丁の1冊に仕上げた製本サンプル。ワークショップではこんなオリジナル上製本を作ることができます

小口のマーブル模様が美しい

詩人の谷川俊太郎さんとコラボした「コトノハノート」。手製本の最初のページに谷川さんの詩の一編が活版印刷で刷り込まれています

綴じ見本もいろいろ置いてあります

（左）レインボーカラーのブロックメモ。（下）カードスタンドにもなる豆本

製本ワークショップを体験しました

手持ちの本と手ぬぐいを使って上製本（ハードカバー本）に仕立てるワークショップ。通常は文庫本を使いますが、今回は特別に変型サイズの拙著『旅鞄いっぱいの京都 ふたたび』でチャレンジ。

しおり&花布（上）、製本キット（右）なども販売中

【用意するもの】
・製本したい本（文庫本が最適）。
・表紙に使う布（今回はお気に入りの手ぬぐいで）。
しおり、花布（はなぎれ）、寒冷紗（かんれいしゃ）、厚紙は糊や道具とともに用意していただけます。

ステップ1
表紙に使う布を裏打ちするための和紙を準備。のりを刷毛でムラなく均一に塗るのがポイント。

ステップ2
1の和紙に本のサイズに合わせて切った手ぬぐいを空気を抜きながら貼り付け、よくこする。

ステップ3
本の対角線＋3～4cmの長さにしおりを切る。花布は本の厚みに合わせて切る。色選びも楽しんで。

ステップ4
元の表紙を剥がした本に見返しを貼り、背に寒冷紗をボンドで貼り付け、その上からしおりの端を2cm貼る。

ステップ5
本の背の上下に、しおりの上から花布を貼る。花布のうねが一本外側に出るぐらいの感じで。

ステップ6
1で裏打ちした布で表紙と背となる厚紙をくるんだものと、中身を合体。

ステップ7
寒冷紗と見返しにのりを塗る。本のまわりが汚れないよう放射状に塗り、表紙に貼り付ける。

ステップ8
表紙を閉じ、重石をして一晩置くと、表紙の反りが消えてまっすぐに。

できあがり
手ぬぐいを使ったオリジナル上製本が完成。愛着ひとしおです。

＊製本ワークショップの開催予定は、美篶堂オンラインショップでチェック

活版印刷のオーダー名刺をつくるなら

オリジナルの名刺や封筒を100枚単位からオーダーできる「HAGURUMA STORE」は、1918年創業の封筒メーカー「羽車」が運営しています。紙を選び、テンプレートに従って書体や色を選んでいけば、後日素敵な活版印刷の名刺が出来上がります。手触りや風合いを実物で確かめて作れるのはリアルなお店だからこそ。自社ブランド「ウイングド・ウィール」のカードや封筒もハイセンスでおすすめです。ちなみに、弊社の便箋と封筒はこちらでオーダーしたもの。名刺のオーダーで訪れる時は電話予約を。

（上）オーダーはカウンターで。（下）本社（大阪）にある活版印刷の機械

ウイングド・ウィールブランドの紙製品。(上) 色違いの二重封筒がポイント。(右) 現代的なデザインの祝儀袋

（左上下）色や紙質のサンプル。(上) 紙の断面に色を入れる「エッジカラー」という加工

ハグルマストア東京表参道

HAGURUMA STORE 東京表参道

東京都渋谷区神宮前4-4-5　TEL 03-5785-0719　www.haguruma.co.jp/store

手紙を書きたくなるカフェ

青いタイルがまぶしい憧れのカフェ

南青山のランドマークとも言える、鮮やかなブルーの外壁が印象的な老舗洋菓子店「ヨックモック」。同じ建物に併設されたカフェもまた、東京を代表する憧れのお茶スポットとして長く愛されてきました。私のお気に入りはみゆき通りに面した横長の窓際の席と、緑が茂る中庭のテラス席。天気のいい昼下がりには、シガールが添えられたコーヒーをいただきながら、手紙を書いてみたくなります。青山で過ごした学生時代に思いを馳せて…。

（上）10時から18時の間にドリンクを注文すると、シガールが付いてくるのも嬉しい。（中・下）スフレ風プディング、ブリュレ風パンケーキなど手の込んだスイーツも

ブルー・ブリック・ラウンジ
BLUE BRICK LOUNGE
東京都港区南青山5-3-3　TEL 03-5485-3340　www.yokumoku.co.jp

対談　株式会社デルフォニックス佐藤達郎×堤信子
「東京は、世界で一番いいものが見つかる街」

世界における東京文具とは？ 30年以上にわたって世界の文具・雑貨の最前線をみつめてきたデルフォニックスの代表・佐藤達郎さんと、東京文具の今を語り合いました。

堤　世界各国の都市で文具と雑貨の最前線に触れている佐藤さんですが、文具界において、東京はどういう位置付けにあると思われますか？

佐藤　世界で一番モノを選べる場所ですね。世界中のあらゆるアイテムが集まっていて、大型店も小さな店も競争が激しい。それぞれがアグレッシブに他との差別化を追求しているし、そもそも日本製品のスタンダードが高いので、普通のものでは満足できないという土壌が出来上がっているように思います。

堤　同感です。海外文具も、日本で求めた方がいいものに出合えたりします。ショップやバイヤーの方々の目利きの素晴らしさといいますか…。

佐藤　海外の方が東京で自国のものを買って行ったりする現象まで起きていますからね（笑）。

堤　デルフォニックスさんは2011年からパリにも進出されています。海外からは日本の文具って、どう受け止められているのでしょうか。

佐藤　最近特に関心が高まっている感じがしますね。日本の文具の品質や技術の高さや細やかなつくりが広く認められてきている感触があります。

堤　パリのお店も好評だそうですね。

佐藤　パリのルーヴル店を作る時に考えたのは、日本の店をそのまま持って行こう、ということでした。竹や和紙を使って日本を演出するのはもう違うだろう、

佐藤達郎（さとうたつろう）

株式会社デルフォニックス代表／デザインディレクター
1988年デルフォニックスを設立。2011年には、パリのカルーゼルデュルーヴルからのオファーで、現地法人を設立し、出店。商品からショップ内装まで、トータルでデザインディレクションを行う。ヨーロッパを中心に自ら出向き、デッドストック文具やアンティークの什器・家具、ヴィンテージオブジェの買い付けも行っている。

と。実際それで正解でした。

堤　パリですんなり受け入れられた理由は何だと思われますか？

佐藤　車やファッション、家電など、現代の日本のものづくり全般に対しての評価がすでに浸透しているからだと思います。僕らはそのレールに乗せてもらっているだけ。みんなフラットな感覚でいいものを求めて来ているんです。

堤　デルフォニックスのものづくりの根底にあるものとは？

佐藤　始まりは、欧米文化への憧れでした。でも自分にとって満足できるもの、自分自身が欲しいと思えるものを追求していくうちに、デルフォニックスならではのクオリティとテイストが徐々に形作られたのだと思っています。

堤　「モノを売るのではなく、"欲しい"を売る」とよくおっしゃっていますね。

佐藤　物欲は充分満たされている時代ですから、そこでなお欲しくなる感覚を呼び起こす何かが必要です。僕はそれは"自分"なんだと思うんです。

堤　世の中のトレンドを追うのではなく、ということですか？

佐藤　そう。自分が面白いと思うことと、お客さまとの接点探しですね。

堤　それが、お店に入った時に感じるワクワク感につながるのですね。これからも東京発のワクワクする文具を発信し続けてください。本日はありがとうございました。

ヴィンテージ文具
に出合えるお店

アンティークやヴィンテージものに出合えるお店や蚤の市も多い東京。良質なものに出合える確率は、海外よりも高いかも？

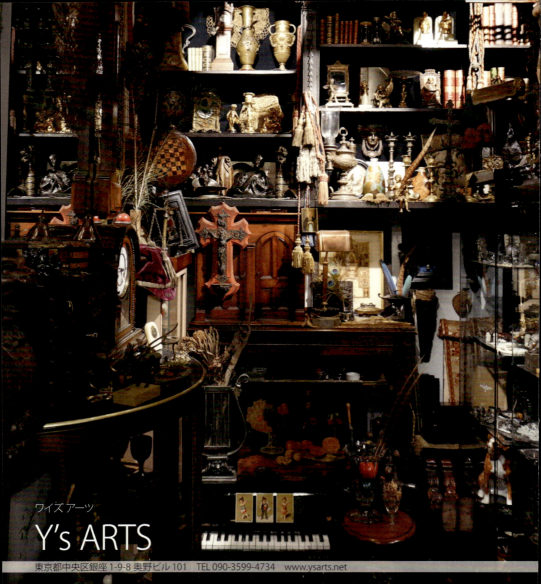

ワイズ アーツ
Y's ARTS
東京都中央区銀座 1-9-8 奥野ビル 101　TEL 090-3599-4734　www.ysarts.net

骨董たちが語りかけてくる物語に耳を傾けて

銀座1丁目にある古いビルの一角。自らアーティストとしても活動する店主のつつみよしひこさんが手がける店内ディスプレイは、もうそれだけでアートです。長い時間を生き延びてきたものたちが、自分の中に潜む物語を一斉に語りかけてくるような、密度の濃い神秘的な空間。"男の書斎"をイメージしたという品揃えだけに、稀少な筆記用具やデスクまわりの道具と出会える確率も高いのです。

カードゲームのスコア用鉛筆セット

アイテムそれぞれに興味深いエピソードが

毎日異なる挿絵。英国ビクトリア時代の日記帳

57

ビスケット
BISCUIT
東京都台東区谷中2-9-14　TEL 03-3823-5850　www.biscuit.co.jp

かわいくて懐かしいレアものがぎっしり

お店のコンセプトは「かわいい」と「懐かしい」。子供のころから古いものが好きだったという店主のたけわきまさみさんが、海外のアンティークマーケットをまわって自ら買い求めてきたものたちは、エリザベス女王戴冠記念のヘアピンや、東ドイツの紙袋、ソ連時代のマッチ箱など、海外の蚤の市でもめったに出会えないようなレア物ばかり。紙好き、古いもの好きの心をくすぐるお店です。

昭和レトロも、ヨーロッパものも違和感なく並ぶ

南アフリカの閉店したデパートで買い付けたというデッドストックのヘアピンは台紙の可愛さもポイント

味がある絵柄が魅力。ビンテージのスタンプ

紙製オーナメント「ドレスデントリム」(上)はカードなどに貼って楽しみます

59

さんのはち

東京都中央区新富 2-4-9 三新ビル3階　TEL 非公開　3no8.jimdo.com

古いものへの愛おしさに満ちた空間

新富町駅の近く、昭和の香り漂うビルの3階にある「さんのはち」。「小さいもの、古いものが好き」という店主の森田美絵さんの心をふるわせたものが並ぶ店内は白とセピア色を基調にまとめられ、まるでギャラリーのようなたたずまい。各商品がゆとりあるレイアウトで大切そうに陳列されているのが印象的です。紙の焼け具合がたまらない薬包紙の束やデッドストックの目玉クリップなど、愛おしさで胸がいっぱいになる素敵なものたちに出合えます。その居心地の良さに、つい長居してしまうお店です。

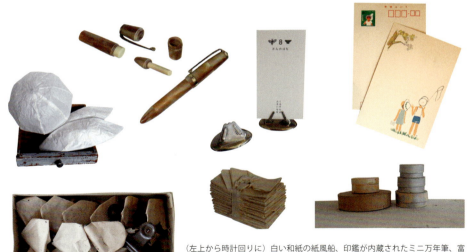

（左上から時計回りに）白い和紙の紙風船、印鑑が内蔵されたミニ万年筆、富士山型のカードスタンド、追加の切手を貼れば今も使える昭和の官製ハガキ、直径2〜3cmのミニチュア紙箱、結束帯がかかったままの薬包紙、ひとつひとつ紙に包まれている目玉クリップ

61

万年筆とアンティーク文具を愛でに

南青山の骨董通りから少し入った閑静なエリアにある「書斎館」は国内外約30ブランド、2,000～3,000本の万年筆を扱う都内有数のペンブティック。広い店内のガラスケースの中には、限定発売された万年筆や今はなきブランドのストック品といった希少な品を含む数々の筆記具が並んでいます。そして、このお店にはもう一つの魅力が。それは書斎周りのアンティークやヴィンテージアイテム。美しく陳列されたペンの間や棚の隙間に置かれた古いインク壺や切手入れなどの品々を愛でに、つい足を向けてしまう場所です。

（上）ショーケースの中には筆記具とヴィンテージアイテムが。
（上左）天使の羽根が刻印されたオリジナル万年筆「myth」。
（上右）オーナーが旅先で見つけたブレスレットにもなる舞踏会用ペンの復刻版。「舞踏会」1,000本限定

国内外のペンがずらりと並んだショーケースは圧巻。稀少アイテムも発売当時の価格で販売されています

手紙を書きたくなるカフェ

心落ち着けて書き物をするならここへ

「書斎館」内にあるカフェは、書き物や読書に最適の空間。1人用のデスクが並ぶ様子は、まるで古い図書館のようです。昭和の週刊誌や子供雑誌なども閲覧可。また、昔の風景写真を配したヴィンテージのポストカードも販売しているので、その場で思いついてカードを送ることもできるのです。しばしスマホをサイレントモードにして、紙と活字の世界に没頭してみては？

（上）日本各地の風景写真のポストカードは購入可。（中・下）昭和の週刊誌や『小学四年生』などの子供雑誌（非売品）

ペンブティック 書斎館 青山
Pen Boutique 書斎館 Aoyama
東京都港区南青山 5-13-11 パンセビル 1 階　TEL 03-3400-3377　www.SHOSAIKAN.co.jp

銀座で出合う レアもの万年筆

Euro Box（ユーロボックス）

海外の万年筆ファンがひっきりなしに訪れるお店。1900年初頭から70年代くらいまでのヴィンテージが中心で、ドキドキするような一癖ある品揃えは見事です。店主藤井さんの完璧な調整で、道具としても文句なし、右は私の憧れの5本です。

東京都中央区銀座1-9-8 奥野ビル407
TEL 03-3538-8388
euro-box.com

（左から）ウォーターマン「レッドリップル」、ウォーターマン「パトリシアン」、モンブラン「マイシュターシュテック144Gペールグリーン」、コンウェイ・スチュワート「フローラル22」、デ・ラ・ルー オノト「マグナ1876」

世界中の観光客で溢れる東京の中心、銀座には、国内外の万年筆コレクターがこぞって訪れる万年筆専門店があります。特に欧州アイテムは、本国よりレアものに出合える確率大!!

(左から) ブルーが美しいモンブラン「146 国連 50 周年記念プロトタイプモデル」、ペリカン「400NN」、1点ものの蒔絵万年筆、ペンクラスターオリジナル万年筆2種

Pen Cluster（ペンクラスター）

このお店のカウンターで、世界中のペンを並べて1本ずつゆっくりと試筆する時間が、万年筆好きにはたまりません。これまで、海外に買い付けに行く時にお願いし、イメージ通りのペンや万年筆の写真集などを購入したことも。一期一会の1本に出合う確率大です。

東京都中央区銀座 1-20-3
ウィンド銀座IIビル3階
TEL 03-3564-6331
pencluster.com（営業日を要確認）

蚤の市に行ってみよう！

大江戸骨董市

東京国際フォーラム地上広場にて原則月2回開催。
主催：大江戸骨董市実行委員会
www.antique-market.jp

都心で開催頻度も高く、気軽に立ち寄れる骨董市。場所柄、外国人観光客にも人気です。和物も洋物もあり、年代、ジャンルなども実に多岐にわたっています。特に昭和レトロなアイテムが好きな方は、毎回お宝に出合える確率高し！

書類キャビネットとして今も重宝しそう

ヴィンテージのラベル。絵柄が興味深い

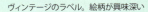

紙チケット。ロールで購入してしまいました

アイスモナカの袋は1枚10円!

旧パッケージのMAXのホチキス針

レトロなマッチは3つで100円

明治時代の土地原帳。道路や区画がすべて手書きで書き込まれています

昭和30年代のおもちゃ屋さんの包装紙

69

蚤の市に行ってみよう！

東京蚤の市

都内で年数回開催。
主催：東京蚤の市実行委員会
tokyonominoichi.com

大きな会場に、国内外の古道具や古書などはもちろん、お花、フード＆ドリンクまでバラエティに富んだ個性派揃いの店が目白押しです。ステージもあり、フェスのような雰囲気なので、いつも日帰り旅行気分で丸一日楽しんでいます。

小口のマーブルが美しい古書

ヴィンテージのスタンプ

薬びんや骨格標本など
異彩を放つお店も

古い動画フィルム。青いケースがかわいい！

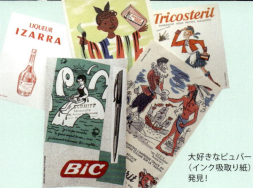

大好きなビュバー
(インク吸取り紙)
発見！

顔なじみ「Grenier
Voyage」さんにもごあいさつ

こんな大判の
古地図も

小さくてかわいらしい骨董がずらり。ついじっくり見たくなります

71

代官山 蚤の市

代官山 T-SITE にて年2回開催。
主催：代官山 蚤の市事務局
store.tsite.jp/daikanyama/

自宅から歩いていけることもあり、毎回楽しみにしている蚤の市。フランスの古いモノに特化していて、フランス雑貨を扱う全国各地のショップが出店します。本国でも見つからなかった希少アイテムにこの市で出合えることもしばしば。

フランス郵政の郵便集配袋で、生成りの麻袋が多いのですがこれは珍しい青い袋、一点ものので即買いでした

（左）凝ったデザインのインクウェル。（右）切手箱。切手のジャストサイズに仕切られています

フランスの地図やエッフェル塔の絵柄が入ったヴィンテージグラス

手書きの万年筆のラベルが味わい深い手作りの工具箱

(左)フランスの1950〜60年代の学習ノート。(右)1700年代の本。不揃いな小口が魅力です

ヴィンテージの
スタンプも豊富に
揃っています

コレクターも多いという工業用照明器具「ジェルデランプ」

学校用品、
そろばんと石板

73

東京の
文具・雑貨 大型店

大型店が集中しているのも首都・東京ならでは。種類や品揃えの豊富さはもちろん、文具の最前線に触れられる場所です。

輸入ラッピングペーパーのセンスにうっとり

文具といえば「銀座 伊東屋」。東京を代表する文具の老舗で、私もさまざまな愛用品たちにここで出合ってきました。2015年のリニューアル以来、「G.Itoya」と表記されるようになった本館。なかでも紙好きの私の心をくすぐるのが8階のペーパークラフトフロアです。特に輸入ラッピングペーパーの品揃えが豊富で、その色使いや柄のセンスの良さは、見るたびにうっとり、まるでギャラリーを訪れているような気分になります。同じ柄がまた入ってくるとは限らないそうなので、お店で出合った1枚は一期一会。日本のデザインとはどこか趣の異なる輸入紙の魅力に浸れる場所です。

個性的なギフトを演出したいなら、ラッピングスタイリストのオーダーブースへ。相談しながら仕上げてもらえます(有料)

竹尾見本帖 at Itoya

紙の表情の豊かさと奥深さを感じる「竹尾見本帖」フロア。壁一面のディスプレイは圧巻です。色のバラエティ豊富な封筒やカードは1枚から購入可能。

お気に入りの輸入紙を使って

ラッピングペーパーをお菓子の箱に巻いてオリジナルの文箱に。余った端切れはギフトのタグとして。

エスプリの効いた銀座 伊東屋のオリジナル文具

上質な便箋＆封筒から切手まで。
店頭でみつけたオリジナル文具をご紹介します。

手動のハンドル付き鉛筆削り。赤い部分は消しゴムです

好きな長さに切って使えるスティッキーロールメモ

短くてもキチンとした手紙を送りたい、というニーズに応えた「一枚完結箋」と専用の二重封筒

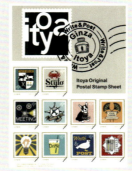

キュートな絵柄が多数！
オリジナル切手

黒い背景がおしゃれ！オリジナルデザインのトランプ

世界で愛されるシンプルで高品質な文具

文具・雑貨の大型店が集結する銀座エリアの中でも最新のお店といえば「無印良品 銀座」。"世界旗艦店"という位置付けにふさわしい規模と立地。3階の文具売り場ももちろん充実しています。特に、天井まである商品棚、大きなバスケットに山と入れられた筆記具やノートのディスプレイは圧巻です。シンプルで高品質、そしてお手ごろ価格の無印良品の文具は、銀座を訪れる外国人観光客にも大人気だそう。日本が世界に誇る"MUJI"ブランドの魅力を存分に楽しめる新・聖地です。

ギャラリーのようなディスプレイは銀座店ならでは

レタースタンドをコーヒーフィルター収納に！ディスプレイからも新しいアイディアをもらえます

無印良品 銀座
東京都中央区銀座 3-3-5　TEL 03-3538-1311（代表）shop.muji.com/jp/ginza/

堤流、MUJI文具の使い方

自分流の使い方を見つけるのが、無印良品の楽しみ。シンプルだからこそ、使い方のアイデアがどんどん湧いてきます。

ポリプロピレンのめがねケースは立てて使えるので、筆記具やステープラーなどの文具を入れてオフィスセットに。移動先のお仕事現場で重宝しています

（左上から時計回りに）色合いがMUJIらしいマスキングテープ、カラフルなミニ容器、使い方いろいろ「短冊形メモ・4コマ」、付箋入れにぴったりの「ポリプロピレン小物ケース・S」、大事に使いたい筆記具にはアクリル収納ケース用内箱のベロアケース

スタンプで独自のデザインを

購入した商品に自由に押せるのも
ここに来る楽しみのひとつ。

同じ模様を複数押す
ことで、パターンのよ
うなデザインにも

手紙を書きたくなるカフェ

10mのクスノキのカウンターが迫力

樹齢400年のクスノキの1枚板を使った10mのカウンターと、窓から差し込む外光、そして穏やかな間接照明が心地いい「ATELIER MUJI GINZA」のSalon。メニューを開くとコーヒーや各種お茶、そしてグルメなカクテルといったドリンク類に加えて異彩を放つのが椅子のメニュー。そこには店内に置かれた世界の名作椅子が紹介されています。遊び心に満ちた仕掛けに思わずにっこりしながら、お気に入りの名作椅子に座り、さあ、誰への手紙をしたためましょうか。

（上）大きな木製の丸テーブルを囲むのは、世界の名作椅子。（右）自由に閲覧できるライブラリーも併設。本はカフェスペースへの持ち込みもOK。（左）ノンアルコール・モヒート。惜しげも無くたっぷり使われたミントの香りがリフレッシュに最適

アトリエ ムジ 銀座サロン
ATELIER MUJI GINZA Salon
東京都中央区銀座 3-3-5　6階　TEL 03-3538-1311（代表）　shop.muji.com/jp/ginza/

クリエイティブな発想が湧く画材の殿堂

「日本一安く売る店」と看板にうたう画材の大型店「世界堂」。洋画や日本画の画材、書道の道具など、あらゆるものが安価で購入出来るとあって、美術やデザインを選考する学生にも人気のお店です。1階の文具フロアも充実していますが、ここに来たらチェックすべきは絵画やデザイン用品の数々。画材店でしか入手できないアイテムに触れていると、使い方のアイデアが次々に浮かんできます。0号キャンバスや豆色紙など、小さいものが狙い目です。

自社ブランド「アートン」など、キャンバス・ラインナップは7種類

手のひらサイズの色紙。かわいい！

紙パレットは手紙を書いても楽しそう

日本画材コーナーでは蛍光やパール色も

量と種類の多さはさすが

圧倒的な量は大型店の、種類の多さは専門店の証。特に気に入ったのが4階と5階にある額縁。ミニサイズの額縁を購入して、蚤の市で購入したヴィンテージの絵葉書や写真をディスプレイしたら…。いつもよりイマジネーションが広がるのは芸術を生むアート用品だからでしょうか。

(左から) 4階：モールディングサンプル、3階：山のように積み上げられた自社キャンバス、2階：つい見入ってしまう色鉛筆のコーナー

堤流、絵画用品の使い方

黒キャンバスと豆色紙を使って、ディスプレイ用の文具標本とメッセージカードを自作してみました。

とっておきのヴィンテージ文具をディスプレイ。あえて黒を選ぶことで各アイテムが引き立ちます

手のひらに載るサイズ感がかわいい豆色紙は、古切手を貼ってメッセージカードに

文具+αの楽しみを発見できるDIYの聖地

大型店らしくあらゆる文具が揃う東急ハンズ新宿店。ここで私がおすすめしたいのが文具のDIYです。そもそも東急ハンズといえばDIY。手作りのためのあらゆる素材がここ1店で揃ってしまうのです。

白い表紙のノートだけでもこれだけの品揃え

壁際にずらりとディスプレイされたノート

東急ハンズ新宿店

東京都渋谷区千駄ヶ谷5-24-2 タイムズスクエアビル2〜8階　TEL 03-5361-3111　shinjuku.tokyu-hands.co.jp

狙いは手芸用品売り場。革やボタン、アップリケにタッセルと、創作意欲の湧く素材が多数。レザーの端切れで栞を作ったり、ボタンをノートにあしらってみたり。オリジナリティあふれる手作り文具のアイデアがいつも湧いてくるのです。文具＋αの楽しみを発見してみてください。

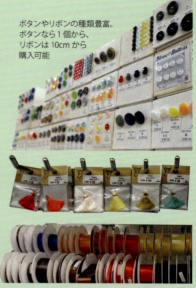

ボタンやリボンの種類豊富。ボタンなら1個から、リボンは10cmから購入可能

プレーンなノートとボタンを使ってDIY

シンプルな無地のMDノートライトに合わせて、ボタンとゴムで特製ゴムバンドを作ってみました。

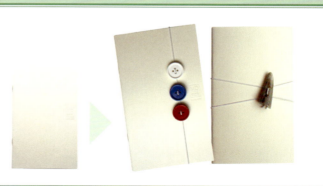

いろいろ使える！ レザー端切れ

手芸売り場の中でも私の一番の推しは、レザー端切れセット。切るだけでポストカードやコースター、しおりなどが簡単に作れます。

小さな端切れがぎっしり入って1袋700円

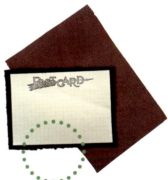

定型サイズに切り取れば、レザーだってポストカードになるのです

レザーの端切れはパンチ穴をあけてしおりに

わざと不定形にするのが堤流！

手紙を書きたくなるカフェ

昭和の純喫茶で過ごすレトロなひととき

アールデコ風の照明器具にステンドグラス、ビロード張りのソファ。昭和39年創業の「珈琲西武」は、知る人ぞ知る純喫茶の名店。名物はフルーツや生クリーム、コーンごとつき刺さったソフトクリームがあふれんばかりに盛られたビッグなパフェ。軽い気持ちで頼むと、その量に驚愕するかも知れません。昭和の雰囲気に浸りながら、メールではなくあえて手紙を書く。そんなレトロなひとときを過ごしてみたくなる場所です。

赤いビロードの椅子、ステンドグラスの照明…
店内に"昭和なモダン"があふれています

珈琲西武

東京都新宿区新宿3-34-9 メトロビル2・3階　TEL 03-3354-1441　metro-net.co.jp/business/food/coffee_seibu/

膨大な品揃えに心踊るラッピング用品の宝庫

包装紙や梱包材など、ありとあらゆるラッピング用品が揃う「シモジマ」。業務用を主とする"プロショップ"なので、色や種類、そしてサイズ展開が驚くほど豊富で安価なのが魅力です。私のお気に入りは5〜8階の上層フロア。8階箱のフロアでは段ボールからジュエリー用ケースまでが揃います。7階には、私の大好きな包装紙がずらり。懐かしい柄にも再会できる楽しいフロアです。膨大な品揃えの商品を眺めていると、ラッピングのアイデアが次々と湧き出て、ワクワクが止まりません。

THANK YOU ガムテープ、発見！

紙パッキンは少量セットも常備

スーパー・ミニ紙箱！

緩衝剤も楽しいカタチがいっぱい！

カラーガムテープの色数も豊富な8階フロア。段ボールを閉じるだけじゃもったいない！

「わかりやすさ」重視のディスプレイに感動

タテ、ヨコ、マチの寸法別に数十種類が揃い、それぞれのサンプルに寸法が大きく表記されている紙袋、メモ用紙大のサンプルが備えてあり、それを自由に持ち帰ることができる包装紙など、ユーザー目線に立って考え抜かれた工夫が満載のディスプレイには感動さえ覚えます。

包装紙コーナー。懐かしい柄もたくさん

スーパーで見かける「Fresh! 朝採り」やかわいい注意喚起シールも

(下・右)紙袋・ポリ袋とも実物とともにわかりやすいサイズ表示

 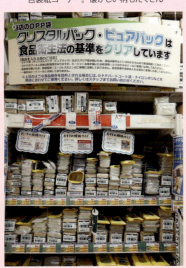

こんなラッピング、いかがでしょう?

アイデアひらめく素材がみつかるシモジマ。カラーガムテでそっけない段ボールを可愛くデコったり、ハート型の透明ケースはクッション材を入れてギフトボックスとして利用してみたり。

クリスタルBOXに入れるプレゼントもシモジマで選びました!

やっぱりトリコロール!

ハート型は色違いも。他に星型もあります

キャッチーなデザインとうれしいプチプラ

ニューヨーク・SOHOの倉庫をイメージした空間に並ぶのは、アメリカンヴィンテージの雰囲気漂うアイテムたち。文具、雑貨、家具から食品に至るまで、5,000点を超える商品全て、自社でデザイン・製造。まず惹かれるのはキャッチーなデザインですが、価格を見てまたびっくり。ノートやカードなどは100円以下のものも多く、それでいてチープさは皆無なのです。まとめ買いしてみんなに配りたくなる、そんなアイテムがいっぱいのお店です。

すべてオリジナル製品。ここでしか買えないものばかり

（左上から時計回りに）付箋(2P) 98円、メッセージカード98円、ご祝儀袋390円、A5クリアファイル88円、A5ノート70円、単語カード98円

オーサムストアー 原宿・表参道店
AWESOME STORE原宿・表参道店

東京都渋谷区神宮前5-8-7 IIDAビル1・B1階　TEL 03-6450-6021　www.awesomestore.jp

パーティーグッズは AWESOME におまかせ！

パーティーの演出に悩んだら、ぜひここに。オーナメントやカードはもちろん、オリジナルデザインのバルーンまで。センス抜群のアイテムが見つかります。

(左から右) フェルトガーランド THANK YOU 290円、Birthday Cake 290円、フェルト「祝」190円、パーティークラッカー 98円/本、パーティーペーパーハット Cool Blue 250円、ペーパーボール Fans YL 220円、バルーンステッカー Balloon 450円

堤流ギフトラッピングアイデア

本の形をした箱「ブックボックス」(490円〜)と、ジュート巾着(190円)をギフト包装用に利用すると、ギフトがよりグレードアップします。

(右)ジュート巾着 190円、A6リングノート Lucas 80円、A6 リングメモ Logo 90円、A5ノート&110円。(左)ブックボックス サイズL Fibonacci 1,280円、サイズM Music Books 980円、サイズM At Home 980円、サイズS Minimalism 490円、ネックレス 490円、バレッタ 690円、ワイヤーコーム 490円

銀座ロフト
東京都中央区銀座 2-4-6 銀座ベルビア館 1〜6 階　　TEL 03-3562-6210　　www.loft.co.jp/ginzaloft

独自買い付けコーナーはぜひチェック!

ゆとりあるレイアウトの店内でじっくり文具が選べる「銀座ロフト」5階。文具だけでその数約25,000アイテム。文具好きなら軽く半日は過ごせてしまいそうです。特に注目したいのが、バイヤーが独自に買い付けた逸品が並ぶ「RECOMMEND」コーナー。メーカーと共同で開発した限定商品や産地直買い付けの少量生産品など、他では出合えないものがみつかります。

スーツケースやベビーカーもラクに通れる広い通路。ぜいたくな空間使いが快適さを生んでいます

店舗は昔、富士フイルム本社があった場所。それにちなんだ期間限定「フジカラーコーナー」

季節ごとに変わる催事コーナーも魅力。取材時はぽち袋をはじめとした和の紙雑貨が並んでいました

こだわりの逸品に出会える棚

世界各国の職人技を集めた「RECOMMEND」コーナー。採算度外視、品質や美しさ、そして意外性にこだわった逸品がずらり。バイヤーの心意気が集約されているこのコーナーが大好きです。

2,000ページある「ツバメモタワー」とマッチ箱サイズの「ツマメノート」。どちらも数量限定。かかった手間暇は膨大だそうです

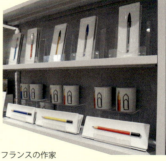

フランスの作家によるトレー。BICボールペンの絵柄がリアル

メッキ技術を生かして製作されたクリップ。ガラス瓶に詰め放題で500円

抜群の切れ味を誇る中島重久堂の鉛筆削り

カスタマイズが楽しめる「LOFT&Fab」

文具フロアにはデジタル加工工房も。名入れはもちろん、写真や絵を持ち込んでスマホケースなどにプリントや刻印をすることも可能。

世界にひとつだけのリボンやテープも

便利に使える広い作業テーブルも

カードを書いたり、ラッピングに備え付けのアイテムでデコレーションをほどこしたり。お買い物してすぐ作業ができるのがすごく便利！

銀座店限定の紙製ギフトラッピング袋に、備え付けのペンやテープを使ってさらに手を加えてみました

和紙と和文具
のお店

江戸時代から続く紙屋さんが多く集まるのも東京の特徴。日本が世界に誇る和紙の魅力を再発見してみては？

榛原
東京都中央区日本橋 2-7-1 東京日本橋タワー　TEL 03-3272-3801　www.haibara.co.jp

店内に入ると色とりどりの千代紙のディスプレイが迎えてくれます

日本の紙文化を象徴するお店

日本橋のビルの谷間に建つ「榛原(はいばら)」。デジタルファブリケーションと伝統的手工業によって建造されたという現代的な外観が印象的ですが、その歴史は古く、創業は200年以上も前の文化3年(1806年)。オリジナル商品も豊富に揃っていて、明治から大正にかけて活躍した人気絵師による「榛原千代紙」はその代表格。また、便箋や封筒、カードなどのオリジナル紙製品は伝統と手仕事の価値を重んじながらも、どこか現代的なデザイン性が感じられます。店頭ではその場で水引包装をしてくれるサービス(有料)もあるので、ここぞという贈り物の時に利用してみては? 高い美意識のもとで日本の紙文化を現代に引き継ぐ素敵なお店です。

創業以来のデザインを基にオリジナル図案をちりばめた「榛原千代紙」。写真は代表的な柄「色硝子」

111

華麗でモダンな榛原オリジナル商品

グッドデザイン賞も受賞している「蛇腹便箋」

「色硝子」の文様はショッピングバッグにも採用されています

棚の左半分は榛原千代紙を使ったオリジナルの御朱印帳

竹久夢二の図案を基にした「夢二 一筆箋」

一言メッセージ
和紙カードセット

榛原に伝わる人気の絵柄を工夫したぽち袋

店頭での水引包装サービス（有料）

大切なお祝いの品には水引包装。お願いすると見事な手さばきで水引をかけてくれます。日本の「包む」「結ぶ」文化を体現するサービスに心意気を感じます。

箱の内側に
商品を包むように
かけられた薄くて繊細な「雲龍紙」

店頭包装用の水引。最長で3m60cmまであるそうです

1本1本が交差しないよう整えながら蝶結びに

箱の大きさに合わせて選んだ熨斗（のし）をつけて完成です

発色が美しいシルク刷はがきが200種類

銀座通りに店を構える「東京鳩居堂 銀座本店」は、京都創業のお香、書画用品、和紙製品の老舗。鳩居堂と言えば便箋、封筒などのオリジナル紙製品でよく知られていますが、なかでも人気なのがシルクスクリーン印刷の技法で刷られたオリジナルの絵葉書。色の鮮やかさと独特の風合いが魅力で、その種類は200以上。その中から季節に合った絵柄が店頭に並びます。心やすらぐお香の香りに包まれて、お気に入りの絵柄を探してみては？

鳩があしらわれたお店の包み紙と草花模様の袋も私のお気に入り

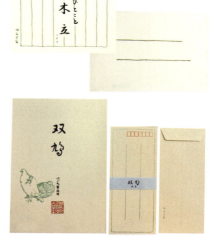

便箋や封筒、ぽち袋など自社製品が多数

広い空間でじっくり和紙と触れ合えるお店

池袋の一等地に広いお店を構える「紙のたかむら」は、昭和4年創業。産地から直接買い付けるという手漉和紙の品揃えが豊富です。「紙はなま物。一期一会だから面白い」という三代目の髙村光朗常務。透ける模様が美しい「落水紙」や味のある「手漉粕紙」、希少な「図引用紙」などに加え、ちょうちん用、凧用など素材としての和紙、そして和小物類も豊富に揃っています。広い店内でゆったりと、紙、そして和の心との出合いを楽しめるお店です。

（左）レースのように繊細な「落水紙」。（中）巻き紙など、書道に使う和紙も豊富。（右）昔は書き損じを「反故紙」と呼びリユースしたそう。それを模した柄入りの和紙を、私はラッピングによく使っています

和紙を使った照明。やわらかな光で落ち着いた空間に

紙のたかむら

東京都豊島区東池袋1-1-2　TEL 03-3971-7111　www.wagami-takamura.com

手紙を書きたくなるカフェ

大正9年から続く老舗洋菓子店の喫茶フロア

池袋駅前にある老舗洋菓子店の2階にあるのが喫茶「タカセ」。このお店、メニューの表紙や洋菓子店で売られているクッキー缶に画家・東郷青児の絵があしらわれているのですが、ふと店内を見渡すとその原画がさりげなく飾られています。ケーキやパフェに加えあんみつやぜんざいなどの和の甘味があるのもほっこりします。昭和にタイムスリップしたかのようなノスタルジックな雰囲気は、心落ち着けて手紙を書くのにぴったりです。

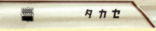

戦利品の数々（笑）。もちろん連れて帰ります

正統派の甘味が楽しめます

店内には画家、東郷青児の絵が

タカセ 池袋本店

東京都豊島区東池袋1-1-4　TEL 03-3971-0211　www.takase-yogashi.com

119

和紙 山形屋紙店

東京都千代田区神田神保町2-17　TEL 03-3263-0801　www.yamagataya-kamiten.co.jp

全国各地の稀少な手漉き和紙が揃う

神田神保町で140年の歴史を持つ「山形屋紙店」。このお店の魅力は店主の田記有子さんが日本全国の産地へ自ら出かけ、職人さんたちと直接交渉して買い付ける稀少な手漉き和紙の数々です。産地別に陳列された和紙のはがきやレターセットはもちろん、お願いすれば引き出しの奥に収納されている花びらや毛糸を漉き込んだもの、泥や藍で染めたものなど、オンリーワンの和紙にも出合えます。日本が世界に誇る和紙。その奥深い魅力に触れてみては?

和紙作家の作品も豊富。写真は紫陽花の花びらを漉き込んだ肥前名尾手漉き和紙

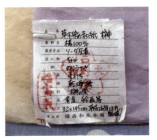

製造年月や産地、原料なども詳細に掲示されています

産地別に陳列されている和紙製はがき。風合いの違いを比べてみて

最高級手漉き和紙に富士山の絵柄を手摺りした便箋とカードのセット。桐箱入りで18,000円。手仕事への敬意が詰まっています

手軽に和紙の魅力が楽しめるファッション小物も

建て替え前から受け継ぐ引き出し。中には貴重な和紙がぎっしり

華やかでカラフルな江戸千代紙の老舗

おもちゃ絵の版元として江戸末期に創業した「菊寿堂いせ辰」。店内に一歩足を踏み入れると、華やかな江戸千代紙の世界が広がっています。ウィットに富んだオリジナル絵柄の大奉書千代紙や、手の込んだ千代箱、ノート、団扇など、色とりどりの千代紙アイテムに心奪われてしまいます。職人がひと版ひと版手で仕上げる「伝承木版手摺」はもはや芸術品。これぞ成熟した江戸文化の粋！谷中散歩の時には必ず立ち寄るお店です。

外国人にも人気。千代箱やちよがみノートなど

（上）カラフルな千代紙と千代紙製品がぎっしりと並んだ店内。（下）粋な柄の団扇も豊富

菊寿堂いせ辰 谷中本店

東京都台東区谷中2-18-9　TEL 03-3823-1453　www.isetatsu.com

書店と文具

近年増えているのが文具・雑貨売り場が充実した書店。書店ならではの知性あふれる大人のセレクションが魅力です。

代官山 蔦屋書店
東京都渋谷区猿楽町17-5　TEL 03-3770-2525　store.tsite.jp/daikanyama/floor/shop/tsutaya-books/

大人の男性を意識した硬派な逸品が揃う

週に1、2回は通う「代官山 蔦屋書店」。その一角の文具コーナーで目を引くのは、天井までで届く筆記具のディスプレイ。その数約1,000本、ペリカンやウォーターマンといった王道ブランドはもちろん、クレオ・スクリベントの万年筆など日本ではめったにお目にかかれないものも。また、大人の男性を意識したという"金属系"小物も秀逸。航空機技術を用いた名刺入れやチタン製定規など、マニアックで硬派な逸品が揃っています。

（左）セーラー万年筆とコラボした180本限定の万年筆（右）お土産に求める外国人も多いという「活字ブックマーカー」

タツノオトシゴのマーク入り。代官山 蔦屋書店限定の原稿用紙とメモ用紙

ミクロン単位の精密さで作られたペン&ペンスタンド

鉄道レールを再利用したブックエンド。ずっしりと重い

航空機技術を用いて作られた名刺入れ

フォーミュラカーのブレーキで作ったペン&スタンド

127

丸善 日本橋店

東京都中央区日本橋2-3-10　TEL 03-6214-2001　honto.jp/store/detail_1575100_14HB310.html

文学の香り漂う文具売り場

明治2年創業の書店「丸善」。日本の近代化の黎明期に、洋書と「文化雑貨」と呼ばれた万年筆やタイプライターを輸入し販売したのが始まりです。今では東京だけでも12店舗を展開する大型書店として知られていますが、歴史の古いここ日本橋店は文具売り場もかなりの充実度で、特に万年筆の品揃えは群を抜いています。また、便箋やブックカバーなどのオリジナル文房具も、文学と歴史の香り漂うものばかり。手にするだけで文学少女だったあの頃に戻れる気がする、そんなアイテムが見つかります。

戦前からあるオリジナル便箋。表紙デザインに歴史を感じます

150周年を記念して発売された記念アイテムの数々。レモン色の万年筆やインクなど、ゆかりのある文学作品『檸檬』(梶井基次郎・作)をモチーフにしたものも多い。(限定品につき、品切れの可能性もあるそうです)

教会のように安らぐ、銀座の隠れ家空間へ

明治18年、キリスト教の書店として創業した老舗書店「教文館」が営む「エインカレム」。教会用品が中心の文具雑貨店なのですが、私はここで出合える「教会文具」が大好き。小学生の頃、同級生に誘われて教会の日曜学校に通っていたときに、教会柄のミニカードやハガキを収集した思い出が。その頃とほとんど変わらぬ絵柄のカード類が並んでいて、どれも美しく心癒されるものばかり、普段使いにもオススメです。

ラインナップは聖書がモチーフのものから普段使いできるメッセージカードまで多様

古書街・神保町めぐり

紙もの採集家にとって、神保町は宝の山。私がここへ向かう目的は、読むための本を探すというよりも、モノとして愛でるための古書に出合うこと。日焼けして朽ちかけた紙や凹凸感のある手触りが楽しめる活版印刷、手仕事が垣間見られる装丁など、古書の魅力は尽きません。

カバーに連動する見返しのデザインの美しさに惹かれた、谷川俊太郎の詩集

手書きの素朴な書体が時代を感じさせる表紙の古書

1928年のドイツ語の古雑誌を店頭で発見！
茶色く焼けて朽ちた紙を素材に封筒を作ってみました

パリ市内の手書きの地図が見返しに入った洋書

ブックカバー図鑑

ブックカバーは書店の顔。書店の歴史や特色が表現されています。私のコレクションから、東京の書店の素敵なブックカバーをご紹介します。

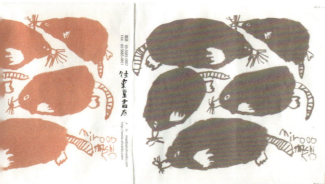

			1	
2	3		4	1
	5	6	7	8

1：往来堂書店（2点）、2：山下書房、3：母校・青山学院大学の購買部（学生時代のカバーを今も大切に保管）、4：丸善、5：BOOKS代官山（以前代官山にあった書店）、6：有隣堂、7：梟書茶房、8：蔦屋書店

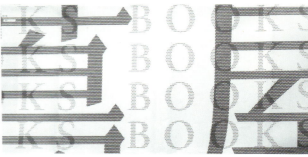

思いがけず文具に出合う

素敵な文具との出合いはふいに訪れます。美術館や博物館、そして神社や学校などのオリジナル文具を集めてみました。

| 美術館文具 | ミュージアムショップには、所蔵作品などをモチーフにしたさまざまな文具が揃っています。アートを日常的に楽しめるのが、美術館文具最大の魅力です。 |

鮮やかなブルーと白が基調のおしゃれなアイテムが揃っています。(左上から時計回りに)オリジナル仕様のMOLESKINEのノートブック、マスキングテープ、オリジナルロゴタイプ入りLAMY noto、しおりとしても使えるグラフィックプレート

Photo: Keizo Kioku

—
21_21 DESIGN SIGHT
東京都港区赤坂9-7-6　TEL 03-3475-2121　2121designsight.jp

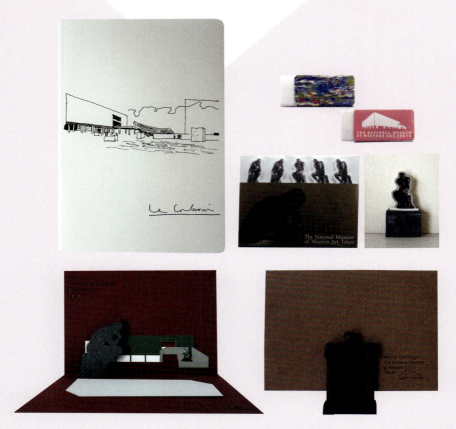

ル・コルビュジエのスケッチやロダン「考える人」などがモチーフに。(左上から時計回りに)B5ノート、消しゴムセット(モネの「睡蓮」+外観シルエット)、トイメモ、付箋セット、「地獄の門」カードスタンド、ポップアップカード

—
国立西洋美術館
東京都台東区上野公園 7-7　TEL 03-5777-8600　www.nmwa.go.jp

「鳥獣戯画」や「見返り美人」といった誰もが知る所蔵作品をフィーチャーした文具が豊富。(左上から時計回りに)スタンプ、アートクリップ、ポストイット、蒔絵ボールペン、一筆箋

—
東京国立博物館
東京都台東区上野公園 13-9　TEL 03-5777-8600　www.tnm.jp

アールデコ様式の建築としても名高い庭園美術館。柱や窓の格子、壁などの文様をモチーフにした美しい文具の数々。（左上から時計回りに）オリジナルノート、クリアファイル、マスキングテープ、レターセット

—
東京都庭園美術館
東京都港区白金台 5-21-9　TEL 03-3443-0201　www.teien-art-museum.ne.jp

著名写真家の写真作品が文具に。また、オリジナルピンホールカメラという、写真美術館ならではのアイテムも。(左上から時計回りに) A4 クリアファイル (上：ソール・ライター「雪 (Snow)」1960 年、右下：ソール・ライター「足跡 (Footprints,c.)」1950 年、左下：ジャック＝アンリ・ラルティーグ「フロレットの手、ブリー・ル・ネフィネ」1961 年。いずれも京都便利堂製)、フィルム型付箋、ピンホールカメラ、収蔵作品ポストカード

―
東京都写真美術館 NADiff BAITEN (ナディッフ バイテン)
東京都目黒区三田 1-13-3 東京都写真美術館 2 階　TEL 03-6447-7684　www.nadiff.com/

| 日本文具資料館 | **貴重な歴史資料で文具の原点に触れる** |

浅草、隅田川沿いにある「日本文具資料館」は、文具の原点に触れられる場所。パピルスや葦ペン、世界のインク瓶、電卓の原型となった計算機など、数多くの珍しい文具が展示されています。私の大好きなヴィンテージ文具をたっぷり味わえる場所です。

（上）様々なペン先。（左）古いインク瓶のラベル。（右）江戸時代の携帯筆記具「矢立」

日本文具資料館
東京都台東区柳橋 1-1-15　TEL 03-3861-4905　nihon-bungu-shiryoukan.com

手紙を書きたくなるカフェ

前衛美術の拠点にある、アートなカフェ

コンテンポラリーアートの拠点として名高い私設ミュージアム「ワタリウム美術館」。マリオ・ボッタの前衛的な意匠が目をひく建物の中地下にあるのが、ミュージアムカフェ「on Sundays」です。ショップに並ぶアートグッズやアート本を見下ろしながら、赤を基調にした空間に身を置くと、いつもとは違うクリエイティブな発想が浮かびそう。ショップの壁一面に並んだポストカードコレクションは壮観。お気に入りの1枚を悩みながら選ぶのも、ここならではの楽しみです。

（左）1階のショップで販売されているポストカードは約1万点

オン・サンデーズ
on Sundays

東京都渋谷区神宮前3-7-6　TEL 03-3470-1424　www.watarium.co.jp/onsundays/

【　御朱印帳コレクション　】

神社で出合う文具といえば御朱印帳。私蔵の御朱印帳の中から、東京を代表する神社のものをご紹介します。

(左上から時計まわりに) 虎ノ門金刀比羅宮の江戸城があしらわれた御朱印帳、表紙に出世階段を配した愛宕神社、日枝神社の御朱印帳には可愛い猿が、紫色がノーブルな明治神宮、赤い社殿と桜が美しい花園神社

【　大学ノートコレクション　】

大学といえば、大学ノート。発祥の大学である東京大学を始めとする都内の主要大学のノートを集めてみました。

（左上から時計まわりに）東京大学の「UTokyo 大学ノート」、母校・青山学院大学のリングノート、早稲田大学のB5ノート、慶應義塾大学のエンブレムが型押しされた「紳士なノート」、東京藝術大学のオリジナルクロッキー帳、法政大学のハードカバーノート

【　東京中央郵便局コレクション　】

東京中央郵便局で購入できる、東京限定の文具。隣接する東京駅の駅舎をあしらったものなど、ご当地感も満載です。

（上段、左から）東京中央郵便局限定グッズ。メモパッドスクエア、局名入りポスト型はがき、KITTE A6メモパッド、ボールペン、クリアホルダー。（下段、左から）旅先から自分宛に送る旅ハガキ「わたしだより」の東京限定バージョン2種。なかでも東京駅丸の内駅舎の絵柄は東京中央郵便局限定、届いたはがきの保管用「おたよりアルバム」

ゆうびん 風景印 ギャラリー	「風景印(ふうけいいん)」とは、郵便局ごとにその土地ゆかりの絵柄でつくられた消印スタンプのこと。手紙を出す際に郵便局の窓口で「風景印を押してください」とお願いすると押印してもらえます。さらなる「ご当地感」の演出にいかが？

＊風景印がない局もあります。

コラム
「東京の紙　今昔物語」

和紙、洋紙を問わず、東京に集結する紙産業。首都・東京における紙の歴史を、明治42年創業の歴史ある紙業者、吉川紙商事株式会社の吉川聡一さんにうかがいました。

権力と紙

紙が大陸から日本へと渡ってきたのは、諸説ありますが3世紀頃と言われています。当時紙は大変な貴重品として扱われていました。宝船に積まれている物品の中にも、米俵や塩などともに紙があります。和紙が発展したのは、紙づくりに適した軟水が豊富な京都でした。「源氏物語」や「枕草子」など、平安時代の文化の隆盛にも紙が貢献していると言えるでしょう。一方で、紙はいつも時の権力とともにありました。紙屋院という国営の紙漉き所が設立され、公文書などの記録や通信に欠かせない紙を権力者が管理することで、情報統制を行っていたのです。

東京と紙

京都から東京への遷都によって、紙の中心地も東京へと移りました。明治時代、日本橋・京橋界隈には紙問屋が軒を連ね、紙の町と呼ばれていました。今でも多くの老舗紙問屋がこのエリアに集まっています。東京において紙産業が大きく

昭和初期頃。京橋の店舗と当時の運搬車

吉川聡一（よしかわそういち）

吉川紙商事株式会社取締役。歴史ある紙商社の4代目。紙の歴史を独自に調べまとめ上げながら、新たな紙の可能性を探るべく、クリエイター、アーティストとのコラボレーションやオリジナル文具の制作などを手がけている。

紙 hiroba　www.yoshikawa.co.jp

伸びたきっかけは、東京オリンピック。初のコンピュータ計測やファックスなどに使う情報用紙の需要が飛躍的に高まると同時に、出版物も増え、紙業界は大きな飛躍を遂げていきました。

和紙と洋紙

日本独自に進化した和紙は、その薄さとしなやかさ、そして保存性の高さにおいて群を抜いています。1876年のパリ万博では出品された和紙の質の高さに西洋人たちが刮目したと言われています。一方で印刷用紙として大量生産を可能にした洋紙は、戦後爆発的に広まっていくことになります。弊社も和紙から洋紙へと舵を切り、今日への礎を築くこととなりました。現在、日常的に使われている紙のほとんどは洋紙ですが、紙幣や切手には今でも和紙が使われています。また、日本が誇る「折り」と「包み」の文化を支えるのも、薄くて繊細で丈夫な和紙があってこそと言えるでしょう。

紙と未来

デジタル時代において、紙は実体の象徴。情報伝達媒体としてはもちろんのこと、「運ぶ」「包む」「飾る」など、日常の中にあるさまざまな紙の役割に着目することで、生活を豊かにする新しい機能を持った紙が生まれていくのだと思っています。(談)

堤信子私蔵文具コレクション

日本はもちろん世界の文具が集まる都市、東京は、逸品、名品の宝庫。私がこれまでの東京で出合って恋に落ちた、とっておきの私蔵文具をご紹介します。

錺(かざり)工芸の名刺入れ

取材で出合い、一目惚れして購入したものです。ひとつ作るのに1週間。下町に約70年続く、東京を代表する伝統工芸品です。

舞踏会の手帖

P62掲載の「書斎館」で購入したもの。舞踏会でダンスを申し込まれた相手の名前をメモするための手帖です。小さなペン付き。

プラチナ万年筆「Century THE PRIME」

100周年記念で発売された世界限定100本の万年筆。ボディまでプラチナ製。父の形見の万年筆の復刻版なので、思い切って購入。

ファーバーカステル「パーフェクトペンシル」限定版

ドイツの伯爵家の流れを汲むファーバーカステル代表の来日記念に伊東屋とコラボしたもの。世界限定9本のうちの1本です。

堤信子プロデュース文具

文具好きが高じて、文具をプロデュースさせていただく機会があります。自分のアイデアやこだわりを反映した文具を世に出せるのは、この上ない喜びです。

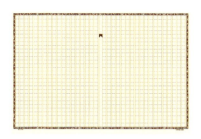

浅草・満寿屋の包装紙

浅草・満寿屋に依頼し、原稿用紙柄の包装紙をプロデュースさせていただきました。

レコルト

サントリー、伊勢丹、プラチナ万年筆という3社がコラボした限定万年筆。「レコルト」とは、「実り」という意味です。

himekuri TSUTSUMIGAMI

近年のヒット商品となっている「himekuri」は、360日すべてが付箋になっているカレンダー。コレクションの紙ものをモチーフにデザインした2020年版カレンダーです。

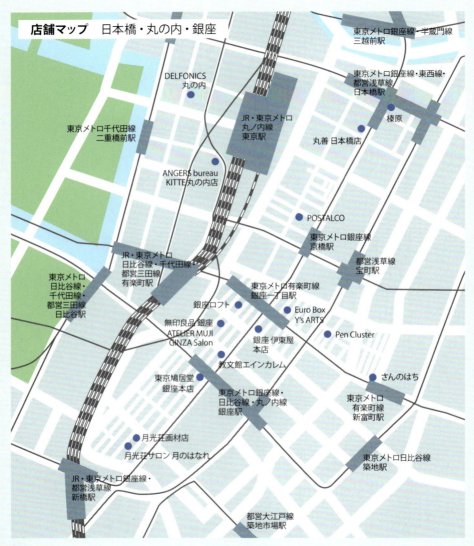

エリア別ページ対応インデックス（店名は五十音順）

日本橋・丸の内・銀座エリア
- 84　ATELIER MUJI GINZA Salon
- 18　ANGERS bureau KITTE 丸の内店
- 130　教文館エインカレム
- 76　銀座 伊東屋　本店
- 104　銀座ロフト
- 26　月光荘画材店
- 28　月光荘サロン 月のはなれ
- 60　さんのはち
- 8　DELFONICS 丸の内
- 114　東京鳩居堂 銀座本店
- 110　榛原
- 67　Pen Cluster
- 22　POSTALCO
- 128　丸善 日本橋店
- 80　無印良品 銀座
- 66　Euro Box
- 56　Y's ARTS

表参道・外苑前エリア
- 100　AWESOME STORE 原宿・表参道店
- 144　on SUNDAYS
- 48　HAGURUMA STORE 東京表参道
- 50　BLUE BRICK LOUNGE
- 34　文房具カフェ
- 62　Pen Boutique 書斎館 Aoyama
- 64　Pen Boutique 書斎館 Aoyama カフェ

代官山エリア
- 24　ASSEMBLAGE 代官山店
- 126　代官山 蔦屋書店
- 12　TRAVELER'S FACTORY 中目黒
- 16　SIDEWALK STAND BAISEN&BAGEL